Oktoberwinde

Josephine Adam

BookLeaf Publishing

India | USA | UK

Presentation by *BookLeaf Publishing*

Web: www.bookleafpub.com

E-mail: info@bookleafpub.com

ISBN : 9789357448567

First edition 2021

DEDICATION

Für meinen Sonnenkönig

Ich liebe dich

PREFACE

Geneigte*r Leser*in,
Die Gedichte, die Sie im Folgenden finden
werden, entstanden teilweise im Zeitraum eines
Monats, teilweise sind sie auch ältere Stücke, die
ich ebenfalls gerne mit Ihnen teilen möchte. Ich
möchte Sie zu einem Herbstspaziergang durch
meine Worte einladen und wünsche Ihnen dabei
viel Vergnügen.

-Josephine

Laub

Manchmal lös ich mich von allem
Wie ein rotes Blatt vom Baum
Und ich schwebe, frei im Fallen
Mit den Winden durch den Raum

Manchmal friert es in der Nacht
Mit kaltem Eis verwunschner Wald
Friert viel früher als gedacht
Und dann bleibt jede Seele kalt

Manchmal bleibt das Wetter warm
Mein Blatt berührt ein Sonnenstrahl
Und dieses Licht nimmt meinen Arm
Der Herbsttag wird zum Winterball

Manchmal werd ich vom Winde verweht
Manchmal lande ich sanft und leise
Wie und wann, wohin auch immer es geht
Sei du das Ende meiner Reise

Geliebter

Geliebter
Ich vermiss Dich
Deine Liebe meine Stärke
Du bleibst mir im Herzen
Wenn Du von mir gehst
Und mit Deiner Hilfe
Nehm ich mir die Freiheit
Ich vermiss Dich Geliebter
Du lehrst mich zu lieben
Und nimmst meine Hand
Deine Wärme ist in mir
Meine Gedanken sind bei Dir
Und ich hab keine Angst vor der Nacht
Ich hab keine Nächte allein
Keine Stunde ohne Dich
Denn ich vermiss Dich
Deine Augen wenn ich sag
Geliebter

Blockiert

schubladen im kopf
alle voll mit leeren worten
vokabeln im duden
sorgfältig einsortiert
und bereit

gedanken träume emotionen
unsortiert und aufgesprengt
unruhige nächte
inhalte ohne form
gäste auf zeit

und zwischen worten und gefühlen
ist heute keine brücke mehr
und meine worte bleiben leer
und ihr inhalt weggesperrt
kann nicht aus und bleibt

Abendspaziergang

Die Kälte beißt mir durch die Kleider
Und hält an mich mit festem Griff
Als könnt ich mich dem nicht verweigern
Wo Eiseskälte tröstlich ist

Die Sonne wird schon bald versinken
Und dann folg ich dem Monde nach
Solang sich Wege vor mir winden
Hält Neugier meine Schritte wach

Es dunkelt und die Luft kühlt aus
Die letzten Schatten sind verschwunden
Ich sage mir ich geh nach Haus
Sobald ich einen Weg gefunden

Die fernen Straßen stehn beleuchtet
Der klare Himmel helles Grau
Ein Nebel sinkt der mich durchfeuchtet
Ich bin allein soweit ich schau

Ich fürchte nicht die Nachtgestalten
Mich hat noch keine je versehrt
Ich fühl die Hände doch erkalten
Und fast im Dunklen mach ich kehrt

Ich seh die Lichter näherkommen
Der Waldweg wandelt sich zu Teer
Kaum hab ich alten Lärm vernommen
Schließt sich der Himmel immer mehr

Ich folge nun geraden Straßen
Bis heim zu mir ist nur noch Teer
Geh querfeldein über den Rasen
Von dieser Freiheit will ich mehr

Cookiemonster

Ich hab mir meinen Bauch gefüllt
Und ein Tortenstück gekillt
Ich kann das denn
Ich bin unaufhaltsam
Regelrecht gewaltsam
Unbesiegbar in meiner Mission
Wem schadet das schon
Ich bin einzigartig
Egoistisch genial
Ich liebe Süßes nun einmal
Ich bin professioneller Tortenfresser
Meine Waffen sind Gabeln und Messer
Ich bin geradezu DISproduktiv
Und hängt auch mein Bauch mal etwas schief
Ich schaufle die Torte nur so in mich hinein
Beim Essen kann man rastlos sein

Aus der Sicherheit eines Klassenzimmers

Unter euren Füßen
Ist der Boden weggebrochen
Ihr habt euren Kindern
Ein besseres Leben versprochen
Ihr wolltet nur nicht zugrundegehn
Jetzt seit ihr ein ethisches Problem

Eure Heimat
Habt ihr verloren
Habt aus euerem Leid
Wandernde Völker neu geboren
Ihr habt euer Geld, euer Leben riskiert
Jetzt werdet ihr in Religion diskutiert

Millionenfach wurde
Gegen euch gehetzt
Eure menschliche Würde
Wurde verletzt
Wir sahen weg und wir
Ließen das so geschehn

Und jetzt seid ihr
Ein ethisches Problem

Vergangen

verschwinde
bitte an erinnerungen, die
sich in meinen weg stellen
konnte ich damals nicht
wie sollte ich jetzt
verschwindet

vergessen
das ewige bemühen um
einen neuanfang, absolut blank
nichts sein und dann
alles daraus machen
vergessen

verstecken
stunden tage wochen
der letzten zwanzig jahre, die
nicht mehr zu mir passen
meinem Heute widersprechen
verstecken

erkennen
seh mich im flur im spiegel neben
alten neuren kinderfotos
veränderte haarfarbe

ältere augen
erkennen

Vergangen
also kein grund jetzt zu stressen
jahre meines lebens und
ich war ich führt zu
ich bin ich
Vergangen

Meine Geschichte
Meine Erfolge
Ich

Nur für mich

und ich schreibe
hört ihr mich nicht?
ich schreib nur für mich
hab keine botschaft
wirk nicht grad heilig
lasst mich schreiben

ja lasst mich lesen
eure leiden in reimen
eure kämpfe ums leben
euere botschaft
ist allzu mächtig
und ich schreibe

ja ich schreibe
ohne worte gottgesandt
ohne einen großen ruf
meine botschaft
ist nur über mich
seht es mir nach

ich will schreiben
nehme die feder, nicht den hut
ich schreib nur für mich

verzeiht mir die tat
ich schreib für mein leben
ich schreib ohne wert

Herbstmorgen

Tauch Deinen Fuß in gefrornes Gras
Nimm die frühe Kälte wahr
Und wenn der Tau taut
Weck Dein Gesicht damit auf
Such den Sonnenaufgang im Nebel
Atme die dicke Wolkenluft ein
Setz Deine Füße himmelwärts
Doch die Sonne grüßt Dich nicht
Vergrab Deine Hände und
Versteck sie vor dem kalten Morgen
Und fühl die Regentropfen nicht
Nur feuchten Nebel, abwärtsfallend
Ein Schleier, der uns trennt
Tauch Deinen Fuß in gefrornes Gras
Atme die Morgenstunde ein
Und wärm Dich mit dem Herzen auf.

Sonne durch Novembernebel

Das Handydisplay blinkt
Wie Sonne durch Novembernebel
Und meine Augen (die schönen)
Blinken zurück
Danke dafür

Ein warmes Lachen klingt
Wie Sonne durch Novembernebel
Und mein Bach (mit Schmetterlingen)
Lacht zurück
Danke dafür

Die Wärme einer Hand dringt ein
Wie Sonne durch Novembernebel
In meine kleine Hand (die kalte)
Und sie durchdringt sie ganz
Danke dafür

Die Liebe, von der ein Popstar singt
Wie Sonne durch Novembernebel
Gibt einen Grund, meine Stimme
Singt mit

Danke dafür

Und das erste Morgenlicht
Ist Sonne durch Novembernebel
Erinnert mich so sehr an dich
Meine Sonne durch Novembernebel
Vertreibt den kalten feuchten Schlaf
Wie Sonne durch Novembernebel
Ich sehe zu dir, weil ich darf
Eine Sonne durch Novembernebel
So nah, so fremd, so wunderschön
Was soll ich sagen? Dankeschön

Du

ich fühle Deine Hände noch
Stunden, nachdem sie meine hielten
ich suche nach Deinem Körper
mit geschlossenen Augen im leeren Bett
und ich träum von Dir jede Nacht
keine Sekunde an Dich nicht gedacht

ich lächle still in mich hinein
weil Du mich dauerglücklich machst
ich führ Gespräche mit Dir
über alles und nichts und über Kinderpunsch
und ich träum von Dir jede Nacht
keine Sekunde an Dich nicht gedacht

ich versuch Dir zu erklärn, was ich fühl
aber ich fühl mich mit Dir nur gut
also wenn ich dann dasselbe wie immer sag
dass ich Dich liebe und dass ich Dich mag
glaub mir, ich weiß, was ich an Dir hab
ich liebe Dich mehr jeden einzelnen Tag

Allein im Museum

Allein mit einem Haufen
Glücklicher Paare
Die auf mich schauen
Aus ihren Rahmen

Allein mit Fotos
Von vergessenen Räumen
Zertretenen Schuhen
Ungeliebten Träumen

Allein mit fremdlich
Klingenden Namen
Die unter den Bildern
Ihren Schlaf gefunden haben

Seit

als ich mich zum ersten mal verliebt hab
das ist jetzt eine generation fast her
als ich mich das erste mal verliebt hab
wussten wir noch gar nichts von
maskenskandalen
ich hab so viel gelebt in der zeit
seit ich mich das erste mal verliebt hab

als ich mich zum ersten mal verliebt hab
hab ich gar nicht an die liebe geglaubt
als ich mich das erste mal verliebt hab
hab ich mich selber überrascht
ich hab mich so viel besser kennengelernt
seit ich mich das erste mal verliebt hab

Ceres' Tochter

Einer Waldprinzessin gleich
Die langen Locken hinter mir
Über Berge und Hügel verfolg ich das Laub
Zu wo sich Himmel und Erde berühren

Einer Bergprinzessin gleich
Mit wehendem Rock und leuchtenden Augen
Schreite ich sicher Fuß um Fuß
Bis ins Tal wo der Fluss mich begrüßt

Ich bin Ceres' jüngste Tochter
Mein jeder Schritt ist ein Triumpf
Ich trete stolz dem Sturm entgegen
Meine Träume ziehn gen Norden
Meine Seele atmet frei

Maestros Welt

Maestro hatte uns erklärt
Musik ist letztlich absolut
Musik sie schwimmt durch Raum und Zeit
Maestro springt
Maestro springt durch Raum und Zeit
Landet mit Paukenschlag
Landet in Forte, landet in Dur
Musik bildet einen Staat
Geigenbogen marschieren auf und ab
Pauken donnern in der Luft
Trompeten blasen einen Marsch
Maestro schwimmt
Maestro schwimmt und formt die Welt
Mit Peitschenhieben
Mit Zuckerbrot
Musik marschiert ein
Musik besiegt
Maestro fädelt mit der Hand
Maestro nimmt die Welt
Alle Welt atmet im Takt
Chöre sprechen ein Gebet
Maestro nickt: So ist es gut
Musik ist letztlich absolut

Geschichtenerzähler

Ich schreib ne Geschichte
Und ich beginne mit dir
Und dann erfind ich Probleme
Aus Du und Ich wird ein Wir
Und ich schreib ne Geschichte
Träum von der Liebe in mir
Und versuch, abzuwandeln
Und brings dann zu Papier

Ich schreib ne Geschichte
Ich beschreib, wie du lachst
Wenn du mich ansiehst
Und wie glücklich du mich machst
Und ich schreib ne Geschichte
Und wenn ich die Seite so betracht
Dann fühl ich, ich schweif wieder ab
Und ich nehme mich in Acht

Ich schreib ne Geschichte
Und ich schreib, was ich fühl
Und ich denke still bei mir
Das ist eigentlich echt viel
Ich schreib ne Geschichte
Und dabei bleib ich nicht ganz kühl

Und ich betrachte voller Glück
Diese Liebe, mit der ich spiel

Ich schreib ne Geschichte
Mit meinem reinsten Herzensblut
Und am Ende, da schreib ich
Und dann war doch noch alles gut

Das Gummiband

wir halten in unsren erschlafften händen
erschlafftes gummiband an beiden enden
aber vielleicht halt ich mein end wieder fest
und vielleicht ziehst du an deinem rest
und ziehst mich wieder an dich heran
an unsrem ungebrochnen band

denn wenn ich Dich mag, dann mag ich Dich
viel
für Dich überhole ich leicht jedes ziel
und ich stehe zu Dir über alles hinaus
ich bin für Dich da, verlass Dich darauf
und wenn du mir nicht glaubst, dann zieh an
dem seil
sag bescheid und zieh mich in dein herz hinein

Sei gegrüßt

Sei gegrüßt, du goldner Regen!
Seid gegrüßt, ihr Morgennebel!
Ich will mich in die Blätter legen
Und Engel malen wie im Schnee

Seid gegrüßt, ihr steifen Finger!
Sei gegrüßt, Zeit vor dem Winter!
Alles scheint mir fast wie immer
Und glänzt ein kleines bisschen mehr

Seid gegrüßt, ihr warmen Jacken!
Seid gegrüßt, ihr Apfelbacken!
Ich nehme meine Badeschlappen
Und zieh die Stiefel aus dem Schrank

Seid gegrüßt, ihr Neuanfänge!
Seid gegrüßt, ihr Unizwänge!
Sei gegrüßt, du Menschenmenge
Und du lieber, lieber Herbst

Für immer bei dir

Du warst mein Leben,
Schon bevor ich dich kannte,
und all meine Liebe
Führt mich zu dir.

Du trägst mein Herz
Durch all seine Höhen und Tiefen,
Hältst es sicher geborgen
Für immer bei dir.

Du nimmst meine Wünsche,
Gedanken, Gebete mit, wohin immer du gehst,
Und so bleibt meine Liebe
Für immer bei dir.

Feentanz

manchmal kreuzen feen deinen weg
und verharren momente im sonnenschein
bis du sie siehst und bezweifelst ganz kurz
was du siehst wer du bist
und was die anderen sein

manchmal tanzen feen vor dir im licht
und erkennst du sie nicht
dann bleibe trotzdem für einem moment
und bade dich selbst in dem staubflockentanz
und dir küssen feen deine stirn

Wachgeküsst

Auf deinem im Schlafe lächelndem Gesicht
Seh ich mein ganzes und ewiges Glück

Aufstehen
Aufwachen
Dich zurücklassen
Dich so liegen sehn

Leise sein
Vorsichtig
Dich wachküssen
Dich so liegen sehn

Deine gemurmelten Worte
Ich liebe dich auch
Du hältst mich nicht zurück
Denn ich kehre zurück

Denn in deinem müde lächelndem Gesicht
Liegt doch mein ganzes und ewiges Glück